AF542801

Lk
28997

1894 1894

Guide Illustré
à travers
LYON
et
L'EXPOSITION

Souvenir

de

L'Exposition de Lyon

en 1894

Ancienne Maison RICHARD

12, Rue de l'Hôtel-de-Ville, 12

(PALAIS St-PIERRE)

OPTICIEN

Succr de GAIFFE et DARLOT

INSTRUMENTS DE PRÉCISION

APPLIQUÉS

AUX ARTS, AUX SCIENCES & A L'INDUSTRIE

Jumelles pour Théâtre, Campagne et Marine.
Lunetterie fine, verres d'après ordonnance.
Appareils, Produits et Accessoires relatifs à la photographie.
Piles et Appareils électro-médicaux.
Paratonnerres d'après les instructions de l'Académie.
Aréomètres, Baromètres, Manomètres, Thermomètres, etc.

Voir n° 6 sur notre plan de Lyon.

Guide illustré

A TRAVERS

LYON & L'EXPOSITION

Universelle, Internationale & Coloniale

en 1894

AVANT-PROPOS

En éditant ce petit volume, notre intention n'est pas de donner un Guide volumineux, stéréotypé sur les ouvrages du même genre, mais un résumé succinct renfermant des renseignements sur l'Exposition; les curiosités de la ville de Lyon; divers tarifs, et l'indication de quelques excursions dans les environs de Lyon.

Nous nous permettons de recommander chaleureusement les Maisons des Spécialistes dont nous donnons les adresses, nous n'avons admis que les plus sérieuses de cette Ville.

LA DIRECTION.

L'EXPOSITION DE LYON

Universelle, Internationale et Coloniale

EN 1894

Le 29 avril 1894, la ville de Lyon a ouvert à la foule des visiteurs les portes de son Exposition universelle, internationale et coloniale. L'inauguration de cette Exposition a été, pour toute la France, un événement considérable.

Jusqu'ici, les capitales seules avaient eu le monopole de ces grandes manifestations. En France surtout, il ne semblait pas que rien de sérieux pût être tenté en dehors de Paris. Mais voici que la seconde ville de France a fait un essai de décentralisation qui est fécond en résultats.

A vrai dire, la ville de Lyon seule pouvait, après la magnifique Exposition de 1889, tenter l'organisation d'une nouvelle grande fête du travail. Sa position topographique, la densité de sa population, la richesse et la prépondérance de son industrie de la soierie, la proximité du bassin houiller de la Loire et des grands établissements métallurgiques de Saint-Étienne, de Saint-Chamond, de Blanzy et du Creusot, le voisinage des riches vignobles de la Bourgogne, du Beaujolais et de la Champagne, ses relations quotidiennes avec la Suisse et l'Italie, ses rapports d'affaires avec nos colonies d'Afrique et d'Indo-Chine, comme aussi son commerce séculaire avec la Chine et le Japon, ont contribué à donner à son Exposition un retentissement considérable.

Centre de plus de vingt départements, Lyon est incontestablement la capitale de toute la région du Sud-Est de la France. Aussi peut-on dire que l'œuvre de son Exposition universelle a mérité toutes les sympathies et tous les encouragements.

Les organisateurs de l'Exposition lyonnaise ont voulu faire grand, et ils y ont réussi. Il faut dire qu'ils avaient sous la main un cadre admirable qui devait, avec de très légères modifications, devenir l'emplacement idéal d'une grande foire fin de siècle.

Voir la suite page 4.

L'EXPOSITION DE LYON

(SUITE)

C'est dans le magnifique parc de la Tête-d'Or, entièrement transformé, que se tient l'Exposition, où s'élèvent les constructions destinées à recevoir les produits du sol ou de l'industrie; on ne voit partout que chalets pittoresques, huttes indigènes et palais coloniaux.

Rien d'artificiel, rien qui soit dû à la création humaine; mais un grand parc de 114 hectares d'étendue, au milieu duquel dorment les eaux d'un lac de 17 hectares. C'est dans ce cadre sans pareil que pavillons et palais ont été disséminés à l'ombre d'arbres séculaires qui font l'admiration de tous les visiteurs. Le Champ-de-Mars est bien dépassé; car, on peut le dire, ce parc est unique au monde.

Le Palais principal, dont la masse imposante attire de suite tous les regards, est un chef-d'œuvre de construction métallurgique : il couvre une surface totale de 45,751 mètres carrés. C'est dans ce palais que toutes les expositions sont réunies et groupées méthodiquement, de façon à permettre au visiteur de trouver de suite le groupe et la classe qu'il désire voir, et de comparer immédiatement les produits nationaux et les produits étrangers. Ce palais, dont la hauteur atteint 55 mètres sous la coupole, est construit tout en fer : c'est une nouvelle manifestation de l'industrie métallurgique, qui, à Paris, par la Tour Eiffel et la Galerie des machines, avait fait ses preuves et étonné les visiteurs de l'Exposition de 1889, et qui, à Lyon, grâce aux proportions plus gigantesques encore que celles du Palais des machines, montre qu'elle est une des plus grandes industries modernes destinées à révolutionner l'industrie du bâtiment.

A côté du Palais principal se dressent deux autres palais contigus, destinés, l'un à l'exposition des Beaux-Arts, l'autre à celle de l'Agriculture, qui est une des plus belles qui se puissent voir.

Avant d'arriver à la coupole Claret, on passe devant le pavillon de la Ville et du Département, et devant le pavillon des Arts religieux, plus loin se montrent les deux pavillons destinés à la Presse et aux Postes et Télégraphes; les pavillons de l'État, de la *Guerre* et de la *Marine*, les installations spéciales des mines de Blanzy, des mines de la Loire, des chemins de fer, des sociétés de secours aux blessés, etc.

Voir la suite page 6.

L'EXPOSITION DE LYON

(SUITE)

Si nous longeons le lac, nous nous trouvons successivement transportés dans nos colonies : c'est l'Algérie, dont le palais est la reproduction fidèle du palais de Mustapha d'Alger ; puis la Tunisie, dont le minaret élancé domine un palais en forme de mosquée, et enfin l'Annam et le Tonkin, dont les ouvriers indigènes sont venus décorer et façonner le pavillon, qui reproduit fidèlement le style d'une des grandes pagodes des environs d'Hanoï.

L'Horticulture a son exposition le long du lac ; et sur le lac même se trouvent des huttes, dont le pittoresque assemblage donne une idée d'un village dahoméen.

Nous ne parlons pas des chalets-restaurants, des établissements publics, salles de concert et de distraction, des industries particulières dont la fantaisie et le bon goût se manifestent par une quantité de bâtiments charmants, qui, répartis dans ce merveilleux cadre du parc sur les bords du lac ou dans les bosquets, donnent à l'Exposition un cachet tout spécial de gaîté et un attrait tout particulier.

Les exposants sont nombreux. Grâce aux concours les plus dévoués de la presse, des sociétés diverses ; grâce à la sollicitude bienveillante de la chambre de commerce, du conseil municipal, du conseil général, du gouvernement, elle est une des plus belles Expositions qui aient eu lieu en province.

Les étrangers viennent en foule visiter les galeries, où se groupent les divers objets de notre production ; ils viennent aussi pour assister aux fêtes nombreuses qui sont données à l'occasion de ces assises du travail et de la paix.

Enfin, ils viennent admirer cette belle ville qui, si elle a mis longtemps à mériter cette épithète, l'a aujourd'hui bien vaillamment gagnée : Lyon est une belle ville ; elle a à cœur de recevoir dignement ses hôtes, qui, de retour dans leurs foyers, conserveront d'elle et de son Exposition un inoubliable souvenir.

Revenons maintenant à notre point de départ, c'est-à-dire à l'entrée du parc, près du monument élevé en l'honneur des Enfants du Rhône. Nous pourrons de là avoir une vue d'ensemble. En face se dresse la grande coupole du *Palais principal*, qui est le clou de l'Exposition. Ce palais est une immense salle dont l'énorme ossature métallique pèse environ 2,250,000 kilogrammes, soit 50 kilogr. par mètre carré couvert,

Voir la suite page 8.

L'EXPOSITION DE LYON

(SUITE)

c'est-à-dire le quart de celui de la grande Galerie des machines, à Paris.

Cette gigantesque charpente, aux formes gracieusement curvilignes, avec contreforts d'église, a en effet 55 mètres de hauteur au sommet avec une base de 232 mètres; elle couvre une surface supérieure à celle de la place Bellecour, de telle sorte que tous les monuments de Lyon, avec leurs clochers et leurs campaniles pourraient s'ébattre sous son immense toiture.

De forme circulaire, cette salle est divisée en secteurs limitant toutes les natures de produits exposés. C'est là que triomphe l'industrie de la soie; à côté d'elle figure au premier rang les industries du fer et de l'électricité.

Il n'échappera à personne, après ce que nous venons de dire, que la forme polygonale est bien la forme véritablement classique de l'exposition industrielle bien comprise.

Elle est tout d'abord architecturale, en ce que les côtés rectilignes du polygone ont permis l'édification de façades aussi imposantes, et que, par leur diversité, elles sont appropriées à l'esprit et à la nationalité du secteur correspondant.

Le polygone régulier donne ensuite à la périphérie des parties rectilignes assez étendues pour satisfaire à toutes les exigences de la mécanique générale et des lignes de transmission de mouvement assez brisées pour ne pas engendrer la monotonie causée par l'emploi des longues galeries.

La forme polygonale adoptée permet le classement méthodique des produits exposés, de telle sorte que le visiteur qui part du centre, en se dirigeant vers la périphérie, suit scientifiquement la transformation de la matière fabriquée, et cela sans qu'il lui échappe, en cours de route, une transformation industrielle quelconque, comme aussi, quand il parcourt une des galeries circulaires, il trouve toutes les matières ouvrées au même état de transformation.

Grâce encore à la forme polygonale avec centre élevé, on a pu obtenir un éclairage électrique merveilleux, alors que le dôme central devient le véritable réflecteur d'une lampe intensive, pouvant être placée à 50 mètres du sol, et réalisant, au moyen d'un foyer véritablement solaire, sans fatigue pour les yeux, l'éclairage le plus brillant que, dans l'état de l'industrie électrique, on puisse concevoir aujourd'hui.

Voir la suite page 10.

L'EXPOSITION DE LYON

(SUITE)

A cet égard, l'Exposition de Lyon doit être surtout l'exposition de l'électricité; c'est pourquoi la forme circulaire du Palais principal a été si appréciée des électriciens, comme aussi les applications multiples de la locomotion électrique.

Enfin, la ventilation est des plus certaines et des plus faciles, l'air nouveau arrivant par la périphérie, alors que l'air vicié s'écoule par la partie centrale du dôme, transformée en véritable cheminée d'appel, pouvant atteindre 60 mètres de hauteur et capable d'évacuer le volume d'air que l'on voudra.

Pour conclure, la forme polygonale consacrée donne une animation considérable au centre de l'édifice, en ce que cette partie de la construction est grandiose d'aspect, et qu'elle est aussi un lieu de repos et d'amusement, lieu que le visiteur atteint sans fatigue, pour se distraire, s'orienter et se retrouver, sans jamais avoir à parcourir plus de 100 mètres pour cela.

Autour de ce colossal palais règne un promenoir couvert extérieur, d'une hauteur de 10 mètres, sous lequel sont installés des restaurants, cafés, tavernes, etc.

Derrière la coupole se dresse le *Palais des beaux-arts*, le *Hall de l'agriculture*, puis toute une série de pavillons isolés qui lui font, avec les inévitables fontaines lumineuses, comme une ceinture d'honneur.

Le soir, tout se transforme dans ce merveilleux parc de la Tête-d'Or, sous les feux de l'électricité; car l'Exposition est ouverte de huit heures du matin jusqu'à minuit. Chaque soirée il y a donc un embrasement général des palais et du parc tout entier.

L'entreprise a été à la hauteur de tout ce qu'on pouvait désirer, elle a fait grand et digne de la ville de Lyon, mais encore les circonstances l'ont admirablement aidée.

Le cadre de l'Exposition est un parc merveilleux que le temps seul a créé et contre lequel ne peut lutter l'œuvre éphémère des millions. On peut, sur l'emplacement demandé du Champ-de-Mars, à Paris, faire surgir, comme par magie, mais à des frais énormes, des pelouses et des bosquets. Rien de cette création humaine ne peut rivaliser avec la majesté tranquille du beau parc de la Tête-d'Or, d'une superficie totale de 104 hectares, au milieu duquel dorment les eaux d'un lac profond, d'une étendue de 17 hectares.

Voir la suite page 14.

LE PALAIS PRINCIPAL DE L'EXPOSITION AU PARC DE LA TÊTE-D'OR

MEUBLES EN BOIS COURBÉ

Ancienne Maison JOB, C. GERVAIS et Cie, Successeurs

69, rue de L'HOTEL-DE-VILLE, LYON

SIÈGES POUR Salons et Chambres, Salles à manger

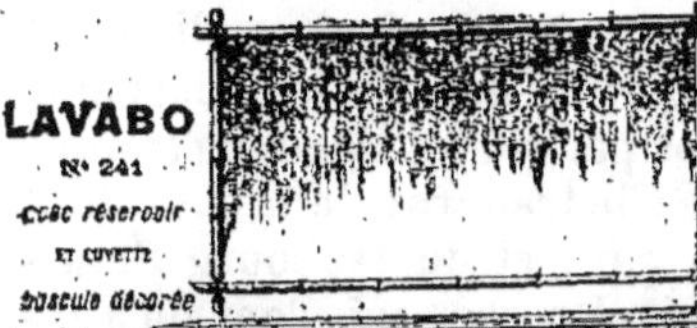

SIÈGES POUR Hôtels, Magasins, Bureaux et Administrations

Fabrication spéciale de TOILETTES et LAVABOS

Voir n° 5 sur notre plan de Lyon.

AU CHINOIS

FABRIQUE DE PAPIERS PEINTS

L. BARRAS

11, Rue Centrale, 11

(Entre la rue Dubois et l'église Saint-Nizier)

LYON

SEULE & UNIQUE MAISON DÉFIANT TOUTE CONCURRENCE

Soldes Exceptionnels 50 % de Rabais

Depuis 0.15 le rouleau jusqu'aux articles les plus riches

Reproduction de tous genres de Décorations

Envoi de Collections d'Échantillons

VITRAUPHANIE & PLAQUES DE PROPRETÉ

Voir n° 13 sur notre plan de Lyon.

L'EXPOSITION DE LYON

(SUITE)

Le parc est situé à quinze minutes du centre de la cité, de l'Hôtel de Ville ou de la Préfecture, à deux minutes de la gare des Brotteaux, où, par plusieurs lignes de tramways et de cars-ripert, on parvient de tous les quartiers. Le parc est desservi actuellement par quatre lignes de tramways. Deux suivent la rive du Rhône : le tramway de la rive droite qui dessert les voyageurs de la gare et du faubourg Saint-Clair et ceux du plateau de la Croix-Rousse, qui n'ont qu'à traverser le fleuve; le tramway de la rive gauche (tramway électrique) s'arrête au contraire juste à l'entrée du parc. Il y a ensuite le tramway qui vient de la gare de Perrache au parc, traversant les quartiers populeux du nouveau Lyon ; enfin on peut également utiliser le tramway qui va de la gare de Perrache à la gare des Brotteaux. On remarquera que, par un heureux concours de circonstances, toutes les gares sont mises en relations directes avec le parc. Il n'était donc pas possible de trouver un endroit à la fois mieux situé et d'accès plus commode; l'emplacement choisi réalise ainsi les deux premières conditions impérieusement exigées de toute Exposition.

L'éclairage de l'Exposition et du parc est une véritable débauche de clarté, et l'on s'en rend aisément compte lorsqu'on sait qu'une force de 2,000 chevaux actionne 20,000 lampes à arc, et 500 chevaux, fournissant 5,000 lampes, sont réservés à la grande coupole.

LES PALAIS COLONIAUX

La section coloniale sera certainement la partie la plus gaie, la plus vivante de l'Exposition, comme le fut à Paris, en 1889, l'Esplanade des Invalides. C'est M. Ulysse Pila, membre de la chambre de commerce de Lyon, qui a été tout spécialement chargé de cette partie.

C'est le *Palais de l'Algérie* qui frappe tout d'abord les yeux du visiteur. Il a été inspiré, dans sa disposition générale, par le palais de Mustapha, la résidence d'été de notre gouverneur de l'Algérie. Une façade à deux rangées d'arcatures, un élégant minaret et trois dômes sont du plus bel effet.

Le plan original en a été transmis par les soins du gouvernement algérien.

Voir la suite page 16.

EXPOSITION — LES PALAIS COLONIAUX

(SUITE)

La façade principale a deux rangées d'arcatures avec pavillon central et pavillons latéraux surmontés de trois dômes.

L'architecture est, bien entendu, le style arabe légèrement modernisé et surtout approprié aux besoins des bâtiments d'exposition.

Ce palais comporte une grande galerie intérieure avec étages, à laquelle on accède par deux perrons latéraux, deux galeries latérales au rez-de-chaussée ouvrant sur deux annexes, et une grande galerie postérieure également au rez-de-chaussée, ouvrant sur le grand hall d'exposition.

A la suite de ce palais est placé un pavillon affecté à l'*Art musulman*.

Le *Palais de Tunisie* s'élève coquettement un peu plus loin, dans un fond de verdure, sur les bords de la grande allée du lac. C'est presque à la lettre une reproduction de la mosquée de Souk-el-Bey, à Tunis. Deux porches, flanquant le minaret, ouvrent sur les galeries d'exposition. Dans le fond est le souk avec des boutiques arabes ; des emplacements ont été en outre ménagés dans les sous-bois, pour de petits industriels indigènes : tisserands, bijoutiers, parfumeurs, etc.

La façade principale comporte deux grands pavillons d'extrémité formant motifs principaux, reliés en arrière-corps par deux ailes, du centre desquelles se détache rigoureusement un minaret de près de 30 mètres de hauteur.

L'espace réservé à l'Exposition de Lyon pour l'Annam et le Tonkin est considérable. La municipalité de Hanoï a voté une somme de 100,000 francs, rien que pour la construction du palais dit du roi d'Annam, qui aura environ 75 ou 80 mètres de façade. D'habiles ouvriers annamites, peintres, menuisiers, ont travaillé à l'ornementation de ce palais, en reproduisant fidèlement le style d'une des grandes pagodes des environs de Hanoï.

C'est dans ce palais que se trouvent groupés, avec tous les commentaires utiles, les produits envoyés : étoffes, tissus, soieries, objets d'art. On a fabriqué dans la province de Bac-Ninh, des pièces de cuivre niellé argent qui étonnent sans doute les amateurs.

L'Annam a envoyé ses belles soies de Binh-Dinh et de Kim-Lung, ses tissus provenant des missions catholiques, et on peut voir aussi, ce qui n'est pas un des moindres éléments d'intérêt, les produits remarquables obtenus sur place par des filateurs français, à l'aide de cocons et de la main-d'œuvre indigènes.

Voir la suite page 18.

EXPOSITION — LES PALAIS COLONIAUX

(SUITE)

Il est facile dès lors à nos industriels de voir de près les armes dont se servent leurs rivaux, et, avec l'élasticité naturelle à notre industrie, de faire mieux qu'eux.

Nous ne saurions oublier qu'en 1888 la cour de Hué qui, depuis des siècles achetait ses soieries en Chine, fit, sur le conseil du résident français, une commande de 600,000 francs de soieries au marché de Lyon. Des échantillons, des dessins avec indications précises furent envoyés de Hué et, quelques mois après, l'industrie lyonnaise expédiait la commande, absolument conforme aux dessins, et exécutée dans des conditions de précision et de fini qui faisaient dire au roi d'Annam : « Jamais on n'aurait fait aussi bien en Chine. »

Toutes les essences de bois forestiers pouvant être utilisées pour l'industrie seront représentées. De grands ateliers français de charronnage, de charpentes et de constructions de toutes sortes, installés à Haïphong, ne s'approvisionnent presque exclusivement que de bois venant de la province de Thaï-Nguyen, et qui, on peut même ajouter le détail, leur sont vendus par l'ancien et fameux chef de bande Baki, devenu, sur le tard, après soumission faite, un honnête négociant.

A côté des charbons des mines de Kébao et de Hong-Ay, aujourd'hui en pleine exploitation, on trouve les échantillons des charbons récemment découverts à Yen-Baï, que l'on va bientôt commencer aussi à exploiter, des échantillons d'antimoine, d'étain et de tous les produits géologiques intéressants.

Dans le même palais, autour duquel est disposé un joli jardin, fait de plantes et arbustes originaires du Tonkin, qui doivent être par avance acclimatés en serre, se trouve une petite salle, dite salle royale, destinée à contenir les envois spéciaux faits par la cour de Hué, riches broderies, incrustations, bijoux, jades, objets de luxe de toute espèce. Si la cour veut vider ses coffres, quelque appauvris qu'ils soient aujourd'hui, elle en fera encore sortir des merveilles. Nul doute qu'elle n'y mette quelque coquetterie, d'autant que le souvenir de la ville de Lyon lui est très sympathique et que le Comité compte encore quelques-uns de ses membres qui ont reçu dans cette vieille cité un très chaleureux accueil en 1889.

Une salle spéciale est réservée au Yunnam, et sert à réunir les produits de cette intéressante province, particulièrement riche en minerais.

Voir la suite page 20.

EXPOSITION — LES PALAIS COLONIAUX

(SUITE ET FIN)

Enfin, non loin du palais, est construit un village annamite avec ses cases en paillottes et son installation la plus authentique. Des familles indigènes y fabriquent sous les yeux des visiteurs, des tissus et objets de leurs pays. C'est la vie annamite surprise là dans toute sa vérité.

En un mot, on s'efforce de donner un aperçu aussi complet que possible des ressources industrielles et commerciales de la colonie.

L'ensemble de l'Exposition coloniale est complété par l'exhibition d'indigènes, villages sénégalais ou dahoméens, qui achèvent l'illusion donnée par la reproduction exacte des trois grands palais orientaux et certainement par l'installation des cafés et de bars plus ou moins exotiques, mais dont la foule aujourd'hui ne saurait se passer.

Le Ballon captif de l'Exposition.

L'Exposition universelle de Lyon a son ballon captif.

Sur l'initiative de M. Antonin Boulade, ingénieur et aéronaute bien connu, une société lyonnaise s'est constituée pour l'exploitation d'un magnifique ballon captif à vapeur.

L'aérostat ne cube pas moins de 3,050 mètres. L'enveloppe, entièrement sphérique, est confectionnée en soie de qualité extra. La nacelle est capitonnée luxueusement et peut contenir seize personnes parfaitement à l'aise. Le câble, de 400 mètres de long, vient s'enrouler sur un treuil à vapeur d'une puissance de 18 chevaux.

Ce ballon est situé dans l'enceinte de l'Exposition, du côté de la grande coupole. Il est inutile d'insister sur le magnifique tableau qui se déroule sous les yeux des visiteurs, Lyon et ses environs offrant un panorama unique au monde : le cours du Rhône et de la Saône, le gracieux massif du Lyonnais, la majestueuse chaîne des Alpes, outre la perspective de la ville et de nos collines de Fourvières et de la Croix-Rousse, font l'admiration des visiteurs.

L'intallation est une véritable merveille; des chalets luxueusement construits servent à abriter de nombreux et curieux documents se rapportant à l'aérostation civile et militaire.

On y trouve également réunis tout le matériel et les instruments en usage dans les ascensions, avec les détails de la fabrication et travaux inédits envoyés par nos grands inventeurs.

Un grand Concours international Orphéonique et Musical aura lieu à Lyon les 12 et 13 août 1894.

Voir n° 19 sur notre plan de Lyon.

Voir n° 20 sur notre plan de Lyon.

Suis le lion qui ne mords poinct
Si non quand l'ennemi me poinct.

HISTORIQUE DE LYON

L'origine de Lyon remonte bien avant la conquête des Gaules par Jules César; c'était une petite bourgade construite par des réfugiés grecs, sur le plateau de la Croix-Rousse, plusieurs siècles avant Jésus-Christ.

Des dissensions s'étaient élevées dans l'enceinte des murs de Vienne durant les guerres de César. les Romains, chassés de ce territoire par les Allobroges victorieux, se réfugièrent sur la colline de Fourvières, et les bannis viennois y vécurent longtemps campés dans des cabanes ou sous des tentes. Après la mort du dictateur, le Sénat romain forma le projet de les coloniser et de leur bâtir une demeure, et chargea de ce soin le consul Lucius Munatius Plancus, 49 ans avant J.-C. Lyon était fondé et ne devait pas tarder à prospérer.

Auguste, charmé de la beauté du site, y séjourna plusieurs années et y fit exécuter des travaux gigantesques; cette cité prit une grande extension, et devint la métropole de la Gaule celtique qui, dès lors, du nom de *Lugdunum*, prit celui de *Lyonnaise*.

Le gendre d'Auguste. Agrippa, contribua beaucoup à sa prospérité ; il en fit le point de départ des quatre grandes voies militaires qui traversaient les Gaules. Cette cité florissante ne fut pas de longue durée; cent ans après sa fondation, la capitale gauloise fut détruite par un incendie. Néron la reconstruit. Trajan, Adrien et Antonin concourent à son embellissement et lui rendent sa première prospérité.

Vers l'an 197 les persécutions commencèrent à Lyon contre les chrétiens; saint Pothin y périt avec 58 de ses disciples. Dans une seconde persécution, en 202, saint Irénée y succomba avec 19,000 chrétiens.

Lyon, abandonné par Rome, est ravagé par les Barbares et

Voir la suite page 24.

BALANCERIE CENTRALE DE LYON

MANUFACTURE D'INSTRUMENTS DE PESAGE

41, rue Centrale, 41

(près le passage de l'Argue)

Marius MATHIEU

Constructeur

ATELIER SPÉCIAL pour la fabrication de **BALANCES** de précision TRÉBUCHETS d'Analyse & Ordinaire *Pèse-Carats* etc.

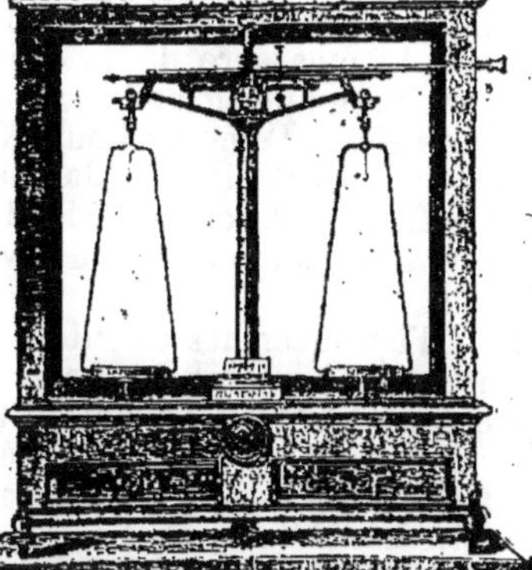

PILULIERS

—

MORTIERS avec *Pilon*

—

MATÉRIELS de Pharmaciens et Droguistes

BASCULES PORTATIVES Métalliques et Ordinaires

BALANCES Systèmes BÉRANGER & ROBERVALD

PONTS A BASCULES *de tous systèmes*

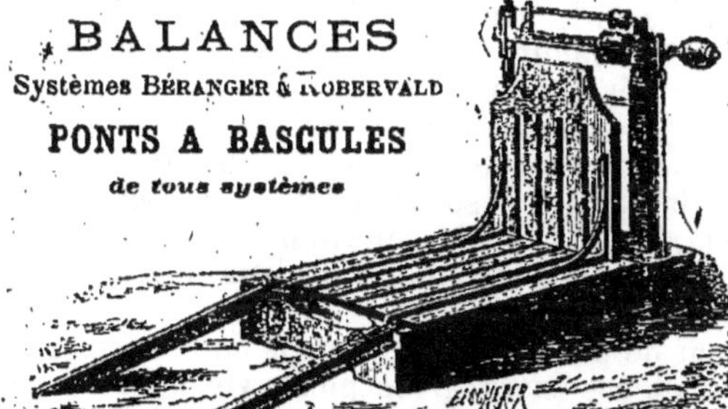

PRESSE A COPIER A VIS RAPIDES

POIDS ET MESURES

MÈTRES *en tous genres*

Réparations de tous Systèmes de Balances et Bascules

Voir n° 21 sur notre plan de Lyon.

HISTORIQUE DE LYON

(SUITE)

devient successivement la proie des Burgondes, des Francs et des Sarrasins. Charlemagne prit la défense de cette ville et ne tarda pas à relever ses ruines. A sa mort, Lyon devint la capitale du royaume de Provence, puis fief de l'empire d'Allemagne et ensuite passe de mains en mains, pris par les uns, revendiqué par les autres. Il est disputé avec acharnement entre les comtes du Forez et ses archevêques jusqu'en 1269.

Sous le règne de Philippe le Bel, qui fit rentrer la ville sous le sceptre des rois de France en 1312, et quelques années plus tard, des Italiens fugitifs importèrent à Lyon l'industrie du tissage de la soie, et dotèrent cette ville d'un grand avenir de prospérité.

Louis XI favorisa la prospérité de Lyon et on le vit devenir une des villes les plus importantes et les plus commerçantes de France.

Le mouvement religieux du XVIe siècle se fit cruellement sentir à Lyon qui fut plongé de nouveau dans le deuil. En 1562, la réforme y fit de grands progrès; les protestants s'emparèrent de la ville et en restèrent maîtres pendant onze mois.

Dix ans plus tard, le massacre de la Saint-Barthélemy s'y effectua comme à Paris, sur une grande échelle.

Sous les règnes de Henri IV et de Louis XIII, le calme succéda aux tempêtes religieuses et ne tarda pas à développer la prospérité de Lyon. La révocation de l'édit de Nantes porta un coup fatal à son industrie, au moment où la ville marchait dans la voie de la fortune.

Lyon, qui venait d'éprouver des émeutes, des incendies, des inondations et une grande misère, se relevait à peine de ce dernier désastre quand éclata la Révolution française de 1789; elle trouva la cité toujours attachée et dévouée à l'ancien régime, car ses fabriques vivaient de l'Église et du trône, et la Révolution, détruisant l'une et l'autre, anéantissait son industrie et la ruinait complètement.

Les fortifications s'élèvent, et l'étendard de la révolte, soutenu par plus de dix-huit mille personnes, est levé contre la République. Dubois-Crancé reçoit alors l'ordre de la Convention de marcher sur la ville avec 60,000 hommes. Après des combats acharnés, et la famine aidant, le général républicain entre par un côté, tandis que les royalistes sortent par l'autre, et s'en empare après un siège de deux mois.

La lutte avait été sanglante; les représailles furent terribles. La Convention décida que Lyon serait démoli, et Couthon le paralytique, Fouché, l'oratorien défroqué (qui fut ministre sous l'Empire et la Restauration), et Collot-d'Herbois, furent chargés de l'exécution de cet ordre.

Cet état de terreur ne peut durer longtemps en France, et la Révolution va périr de ses excès; Robespierre vient d'être exécuté à Paris; dans Lyon, soixante-dix-huit terroristes payent

Voir la suite page 26.

HISTORIQUE DE LYON

(SUITE)

de leur vie les crimes qui ont été commis, puis leurs cadavres sont jetés dans le Rhône.

Après l'année 1800, Lyon retrouve une prospérité depuis longtemps inconnue. Lyon est en paix jusqu'en 1816, après la chute de Napoléon, époque à laquelle la cour prévôtale condamne à mort vingt-huit de ses habitants, convaincus d'être bonapartistes. Ces excès de pouvoir valurent au parti royaliste beaucoup d'ennemis ; aussi la révolution de Juillet fut-elle accueillie avec la plus vive satisfaction, sans la moindre lutte et sans une goutte de sang. Mais la révolution de 1830, et surtout une crise commerciale, étant venue jeter la division entre les fabricants et les ouvriers, une insurrection éclata le 21 novembre 1831. Une autre émeute, mais d'un caractère politique, eut lieu en avril 1834, lutte sanglante, dans laquelle on compta plus de douze mille personnes tuées et un grand nombre de maisons détruites par la mitraille.

En 1848, à la proclamation de la République, Lyon reste calme au milieu de la tourmente. Le 13 juin 1849, il y eut une véritable bataille à la Croix-Rousse, où il fallut l'artillerie pour enlever les barricades, ainsi que sur plusieurs autres points de la ville.

Le 18 mai 1856 une effroyable inondation du Rhône cause d'immenses ravages, et un grand nombre de personnes, aux Brotteaux et à la Guillotière, furent ensevelies sous les ruines de leurs maisons. C'est alors qu'on décida la reconstruction des quais, qui contribua à l'embellissement de la ville entière.

Lorsque la guerre fut déclarée à la Prusse, les affaires s'arrêtèrent et une vive inquiétude s'empara des esprits. Au 4 septembre 1870, le peuple connaissait la nouvelle de la capitulation de Sedan avant l'affichage du placard, et dès sept heures du matin, une foule compacte envahissait la place de l'Hôtel-de-Ville et réclamait à grands cris la proclamation de la République. Les portes durent s'ouvrir et, du haut d'un balcon, la République était proclamée avant qu'elle le fût à Paris, par MM. Beauvoir et Chaverot. A neuf heures du matin, un comité provisoire faisait connaître la décision prise à la préfecture. MM. Hénon et Barodet, plus tard maires de Lyon, étaient présents. Le 5 septembre, le comité reçut une dépêche lui annonçant que M. Challemel-Lacour, nommé préfet de Lyon, arriverait le lendemain ; il eut une première entrevue avec le comité le 6 au matin.

Comme toujours, le courage et le patriotisme des Lyonnais furent à la hauteur des terribles épreuves que traversait la patrie, et l'admirable charité des dames fut inépuisable.

Divers événements se sont déroulés jusqu'en 1872, époque où Lyon eut une Exposition universelle internationale; ouverte le 2 juin 1872 et inaugurée officiellement le 30 juin, elle fut

Voir la suite page 28.

HISTORIQUE DE LYON

(SUITE ET FIN)

fermée le 31 octobre. Cette Exposition, due à l'initiative privée, occupait un vaste emplacement sur la rive gauche du Rhône, tout près du bois de la Tête-d'Or. Malgré les efforts les plus louables de l'administration et de ses exposants, ladite Exposition a peu réussi.

Depuis un certain nombre d'années, Lyon a subi une heureuse métamorphose. Les nouvelles rues ouvertes, les anciennes rajeunies, les places créées; les anciens pavés pointus remplacés par un pavage commode et régulier; les nouveaux ponts jetés sur les deux fleuves, le péage des anciens rachetés; les squares plantés, les monuments érigés; le quartier des Brotteaux prenant un accroissement considérable; puis les rues, les avenues, les cours, les boulevards, sillonnant la ville dans tous les sens.

Aujourd'hui, Lyon, régénéré, est bien en réalité la seconde ville de France, comme Marseille en est la première cité maritime.

Depuis sa fondation, Lyon a vu naître un grand nombre de personnages célèbres, dont nous citons les noms : Germanicus, les empereurs Claude, Marc-Aurèle, Caracalla et Géta; Saint Irénée, Saint Sidoine, Saint Apollinaire, Saint Ambroise de Milan; l'abbé Morellet, Audran, Boissière; le mécanicien Truchet, l'économiste J.-B. Say, le physicien Ampère, le mathématicien Barême, les littérateurs Ballanche, de Gérando, Mme Louise Labbé (la belle Cordière); l'académicien de Laprade; les poètes Pierre Dupont, Soulary; les naturalistes Bourgelat, de Jussieu; les médecins et chirurgiens Falconet, Pételin, Bichat, Richerand, Vitet, Charles Dumas, Bonnet, Gilibert, Poutheau, Récamier, Gensoul et Mollière; les architectes Philibert Delorme, Perrache, Simon Maupin et Dupasquier; les sculpteurs Coysevox, les frères Coustou, Lemot, Legendre; les peintres Stella, Planchet, de Saint-Jean, Flandrin; le maréchal Suchet; les généraux Duphot et Martin; Parmentier; Jacquard, le célèbre inventeur des métiers à tisser; Mme Récamier et Mme Sophie Gay.

CHEMINS DE FER FUNICULAIRES

Rue Terme à Croix-Rousse. Départ toutes les *cinq minutes. Prix :* 0 fr. 10 et 0 fr. 20.

Place Croix-Paquet à Croix-Rousse. — Départ toutes les *cinq minutes. Prix :* 0 fr. 05 c. et 0 fr. 10 c.

Avenue de l'Archevêché à Fourvières et Saint-Just. — *Départs:* pour Fourvières, toutes les *cinq minutes*; pour Saint-Just, toutes les *dix minutes.* — *Prix :* semaine, Fourvières, 0 fr. 10 et 0 fr. 20; Saint-Just, 0 fr. 15 et 0 fr. 25. — Dimanches et fêtes, Fourvières et Saint-Just, 15 c. et 25 c.

VOITURES DE PLACE

Compagnie Générale des Voitures de Lyon

Place de la Charité, 6.

Stations : Places des Terreaux, Tolozan, de la Platière, des Cordeliers, des Jacobins, Bellecour, de la Charité, cours du Midi, gare de Perrache, place Raspail, rue Servient (côté sud de la Préfecture), place Morand, gare des Brotteaux, gare de la rue Terme, place de la Croix-Rousse, place de la Trinité, avenue de l'Archevêché, gare Saint-Paul, place de la Pyramide, gare de Vaise.

Prix : de 7 heures à minuit, voitures à 2 places, l'heure, 2 francs; la course, 1 fr. 50. — Voitures à 4 places, l'heure, 2 fr. 50; la course, 1 fr. 75. — Indemnité de déplacement, 0 fr. 75.

De minuit à 7 heures du matin : voitures à 2 places, l'heure, 2 fr. 50, la course, 2 francs. — Voitures à 4 places, l'heure, 3 francs; la course, 2 fr. 50. — Indemnité de déplacement, 0 fr. 75.

Bagages : 1 colis, 0 fr. 25; 2 colis, 0 fr. 50; 3 colis et au-dessus, 0 fr. 75.

Le cocher pris aux gares, recevra le prix indiqué au présent tarif.

Jeux d'Esprit

CHARADE

Chers lecteurs, par la consonnance,
Dans l'alphabet est mon *premier;*
Il m'en souvient, dans mon enfance,
Grand'maman, auprès du foyer,
Me narrait plus d'un conte étrange
Où souvent était mon *dernier.*
Quand il est pur et sans mélange,
Incomparable est bien *mon tout ;*
C'est un breuvage délectable !...
En France, en Belgique, partout,
Il est servi sur chaque table.

NOTA. — La solution de cette charade se trouve à la maison ci-contre, page 31.

CHEMINS DE FER

Lyon est le centre de dix lignes de chemins de fer. Les deux premières vont l'une au nord, vers Paris; l'autre au sud, vers Marseille; elles ont deux gares importantes : la première, en venant de Paris, située à Vaise; la seconde, la plus belle de Lyon, à Perrache.

Les autres lignes mettent Lyon en communication avec Grenoble, — le Bourbonnais. Tarare et Roanne, — Saint-Étienne, — Montbrison, — Bourg, — Culoz et Genève, la Suisse et l'Italie, — Saint-Genix-d'Aoste, la Suisse et l'Italie, — Saint-Genix-d'Aoste, Vaugneray-Mornant.

Gare de Perrache. — Située vers l'extrémité sud de Lyon, entre la Saône et le Rhône, elle est spécialement affectée aux voyageurs des lignes de Paris, Marseille, le Bourbonnais, — Genève et la Suisse, l'Italie, Saint-Étienne, Grenoble, etc. Sa construction a nécessité d'immenses remblais, car elle s'élève à une grande hauteur au-dessus du sol de tous les quartiers environnants.

Pour aller de la Garé de Perrache à celle de Vaise, le chemin de fer passe sous le *tunnel de Fourvières* (2,175 mètres de longueur), qui se trouve à 92 mètres au-dessous du point culminant de la montagne.

Gare de Vaise. — Située à l'extrémité du faubourg de ce nom, sur la rive droite de la Saône; elle contient une gare de voyageurs, une gare de marchandises, un grand dépôt et de vastes ateliers de machines.

Gare des Brotteaux. — Située dans le quartier du même nom, elle sert d'embarcadère à la ligne de Lyon à Genève, qui se raccorde, près de la Guillotière, à celle de Paris à la Méditerranée, par un embranchement de 3 kilomètres. La ligne de Genève, qui longe le parc de la Tête-d'Or, à l'E., et franchit le Rhône, a une seconde gare à *Saint-Clair*.

Gare Saint-Paul. — Située dans le quartier du même nom, près du pont de la *Feuillée*, et tête de ligne du chemin de fer de Montbrison par la vallée de la Brévenne, cette gare a nécessité des travaux considérables et la destruction d'un immense rocher granitique.

Gare de l'Est. — Située dans le quartier des Brotteaux et nouvellement construite, elle sert de tête de ligne au chemin de fer de l'Est de Lyon allant actuellement à Saint-Genix-d'Aoste par Crémieu. — Omnibus desservant la gare, quai de l'Hôpital, 1.

Gare des Dombes. — Cette gare, qui s'élève entre la place Sathonay et le square remplaçant l'ancien Jardin des plantes, sert d'embarcadère à la ligne des Dombes, de Lyon à Bourg et de Lyon à Trévoux.

Gare de Saint-Just. — Cette gare établie dans le quartier Saint-Just, rue de Trion, dessert la petite ligne de Lyon à Vaugneray et à Mornant.

CARS-RIPERT

Sainte-Blandine à Ficelle Croix-Rousse et Ficelle Croix-Paquet. — Départ toutes les *huit minutes*.

Itinéraire. — 1° Cours Charlemagne, les Voûtes, cours du Midi, rue de la Charité, place Bellecour, rue de l'Hôtel-de-Ville, place des Terreaux, rue Terme.

2° Cours Charlemagne, rue de la Charité, rue de l'Hôtel-de-Ville, rue Lafont, quai de Retz, place Tolozan, Grande rue des Feuillants.

Départ par la rue Dauphine, quai Saint-Clair, place Tolozan, rue Puits-Gaillot. — *Prix :* 15 centimes.

Gare de Perrache à Ficelle Croix-Rousse. — Départ toutes les *onze minutes*.

Itinéraire. — Cours du Midi, rue Vaubecour, rue du Plat, place Bellecour, rue Gasparin, place des Jacobins, rue Centrale, rue Saint-Pierre, place des Terreaux, rue Terme.

Prix : 15 centimes.

Avenue de l'Archevêché à la Gare des Brotteaux. — Départ toutes les *vingt minutes*.

Itinéraire. — Avenue de l'Archevêché, pont Tilsitt, rue Bellecour, place Bellecour, rue de la Barre, pont de la Guillotière, cours Gambetta, pl. du Pont, rue Moncey, boul. des Brotteaux.

Prix : 15 centimes.

Ficelle Croix-Rousse à Caluire. — Départ toutes les heures.

Itinéraire. — Place de la Croix-Rousse, Grande rue de la Croix-Rousse, rue Coste, route de Caluire.

Prix : 0 fr. 25 la semaine; 0 fr. 30 les dimanches et fêtes.

Place de la Charité à Pierre-Bénite. — Consulter l'horaire de chaque saison.

Itinéraire.— Place de la Charité, rue du Peyrat, quai Tilsitt, pont d'Ainay, quai Fulchiron, quai Jean-Jacques Rousseau, quai des Étroits, la Mulatière.

Prix : De Lyon à la Mulatière, 20 c.; à Pierre-Bénite, 40 c.

TRAMWAYS DE LYON

Gare de Perrache au Parc de la Tête-d'Or, départ toutes les 15 minutes, et *vice versa*. — *Prix des places* : Banquettes, 10 c. Intérieur, 20 centimes.

Itinéraire. — Gare de Perrache. — Cours du Midi. — Pont du Midi. — Avenue des Ponts. — Grande rue Guillotière. — Cours Gambetta. — Cours Lafayette. — Avenue de Saxe. — Cours Morand. — Avenue de Noailles. — Avenue du Parc. — Parc de la Tête-d'Or.

Correspondances. — Pour Perrache et les Brotteaux, *bifurcation du cours Morand*. — Villeurbanne (Octroi de). — Pour les Cordeliers. — Pour Bellecour. — Monchat (Octroi de). — Bon-Coin (Octroi de l'Est). — Saint-Fons, Vénissieux. — Gare de Vaise. — Monplaisir (Octroi de). — La Mulatière (Octroi de).

Voir la suite page 38.

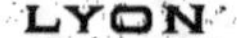

LYON

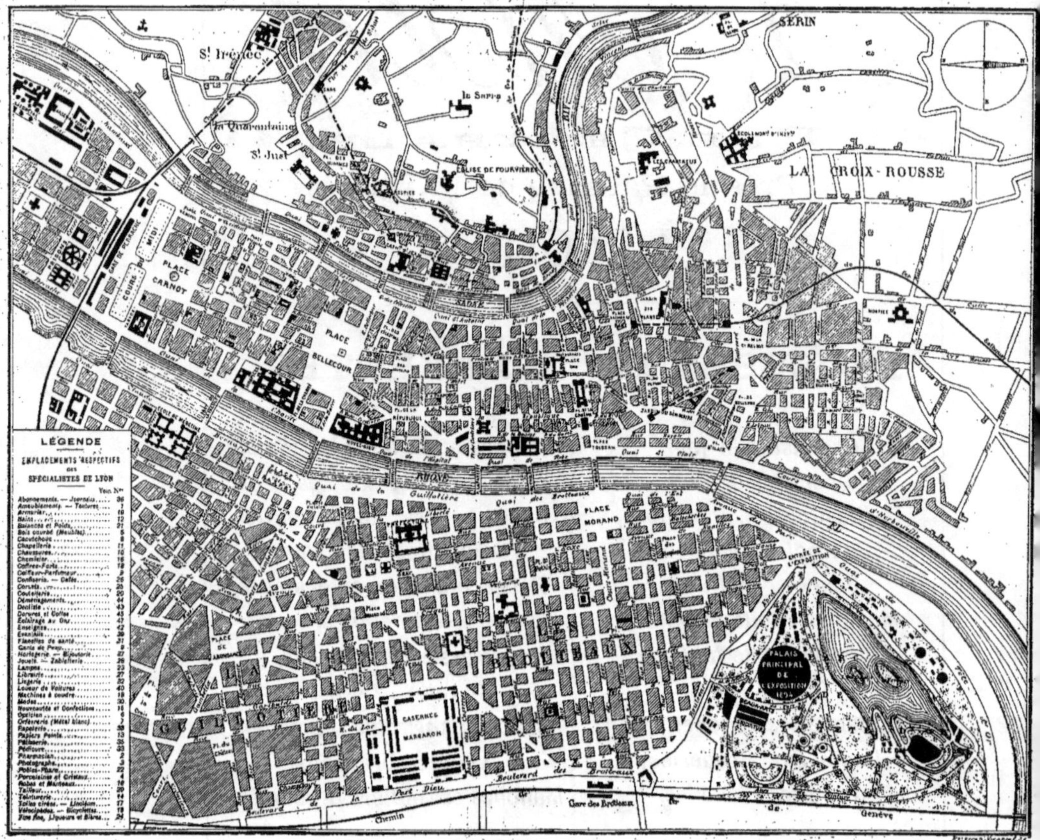

St Irénée
La Quarantaine
St Just
le Sarra
EGLISE DE FOURVIÈRES
SERIN
LA CROIX-ROUSSE
PLACE CARNOT
COURS DU MIDI
PLACE BELLECOUR
SAÔNE
RHÔNE
Quai de l'Hôpital
Quai St Clair
Quai de la Guillotière
Quai des Brotteaux
PLACE MORAND
ENTRÉE DE L'EXPOSITION
PALAIS PRINCIPAL DE L'EXPOSITION 1894
LES BROTTEAUX
LA GUILLOTIÈRE
CASERNES MARGARON
Boulevard des Brotteaux
Gare des Brotteaux
Chemin de fer de Genève
LÉGENDE
EMPLACEMENTS RESPECTIFS DES SPÉCIALISTES DE LYON
Voir Nos
Abonnements. — Journaux 36
Ameublements. — Tentures 1
Armurier 10
Bains 12
Balances et Poids 21
Bois courbé (Meubles) 5
Caoutchouc 8
Chapellerie 11
Chaussures 10
Chemisier 15
Coffres-Forts 18
Coiffeur-Parfumeur 9
Confiserie. — Cafés 26
Corsets 25
Coutellerie 20
Déménagements 44
Dentiste 43
Dorures et Colles 45
Éclairage au Gaz 47
Enseignes 42
Éventails 39
Flanelles de santé 31
Gants de Peau 9
Horlogerie. — Bijouterie 37
Jouets. — Tabletterie 28
Lampes 23
Librairie 27
Lingerie 32
Loueur de Voitures 40
Machines à coudre 19
Modes 30
Nouveautés et Confections 16
Opticien 6
Orfèvrerie (Métal blanc) 7
Papeterie 38
Papiers Peints 13
Pelleterie 35
Pédicure 33
Pharmacien 2
Photographe 3
Poêles-Phare 22
Porcelaines et Cristaux 4
Robes et Manteaux 16
Tailleur 20
Teinturerie 14
Toiles cirées. — Linoléum 17
Vélocipèdes. — Bicyclettes 18
Vins fins, Liqueurs et Bières 24

F. Collais, 91, r. Vandamme, Paris.

Échelle de 1:20 000

Perrache aux Brotteaux (Tramway de), départ toutes les 8 minutes, et *vice versa.* — *Prix :* Banquettes, 0 fr. 10; Intérieur, 0 fr. 20.

Itinéraire : Place Perrache. — Rue Victor-Hugo. — Place de la Charité. — Place Bellecour. — Rue de la République. — Place des Cordeliers. — Place de la Comédie. — Rue Puits-Gaillot. — Pont Morand. — Cours Morand. — C. Vitton. — Gare de Genève.

Tous les quarts d'heure, depuis 9 h. 15 m. jusqu'à 10 h. 06 s., un tramway passe par le quai de la Charité et rejoint la ligne sur la place Bellecour.

Les autres lignes sont : de la **Gare de Vaise à Montplaisir** et de la place **Bellecour à Monchat**, toutes les 30 minutes. — De **Bellecour au Pont d'Écully, Gare de Vaise à la place du Pont, Bellecour à Bon-Coin** et **Quai de l'Hôpital à St-Clair**, toutes les 15 minutes. — De la **Place de la Charité à Oullins** et **Cordeliers à Villeurbanne**, toutes les 20 minutes. — Puis le **Tramway électrique** (nouveau), qui s'arrête en face l'entrée de l'Exposition, à côté du monument des *Enfants du Rhône.*

BATEAUX

Gladiateurs (*Compagnie Lyonnaise de Navigation*), quai Rambaud, 11. — Service des marchandises en grande vitesse. Correspondances avec tout le Midi. — Bureaux : port Perrache, au ponton.

Service de voyageurs (*été et hiver*) entre Lyon, Valence et Avignon, *et vice versâ*, desservant les ports intermédiaires. — *Restaurant confortable à bord.*

Parisiens (Les) *du Rhône et de la Saône.* — Voyageurs et marchandises. — Saison d'été du 15 mai au 15 octobre.

Promenades journalières sur le lac du *Bourget* (Savoie). — Visite à l'Abbaye d'Haute-Combe. — Grandes excursions à Pierre-Châtel. — Traversée du Lac. — Canal de Savière, roche de Yenne, vallée du Chaffard et Port de Pierre-Châtel.

Service de Lyon à Chalon-sur-Saône. — Départ de Lyon, quai Saint-Antoine, les lundis, mercredis et vendredis, à 7 heures du matin. — Départ de Chalon-sur-Saône, port Villiers, les mardis, jeudis et samedis.

Prix des places, de Lyon à Chalon, 1res 6 fr.; 2mes 4 fr.
de Lyon à Mâcon, 1res 3 fr.; 2mes 2 fr.

MOUCHES. — Horaire officiel. — LA SEMAINE.

De **Perrache à Vaise,** desservant les stations intermédiaires :

Premier départ . . . . 5 h. 50 matin.
Deuxième départ . . . . 6 h. » —

De **Perrache à Saint-Rambert l'Ile Barbe,** desservant les stations intermédiaires.

Premier départ . . . . 5 h. 50 matin.
Deuxième départ . . . . 6 h. 43 —

Ensuite toutes les *demi-heures*, à l'heure 15 et à l'heure 45, jusqu'à 7 h. 15 du soir en été et jusqu'à 5 h. 15 en hiver.

Voir la suite page 40.

MOUCHES (SUITE ET FIN).

De **Vaise à Perrache**, desservant les stations intermédiaires.

Premier départ . . . . 6 h. 32 matin.

Ensuite toutes les *huit minutes* jusqu'à 9 heures du soir en été et jusqu'à 8 heures du soir en hiver.

Ensuite, toutes les *demi-heures*, à 1 h. 15 et à 1 h. 45, jusqu'à 8. 30 du soir en été, et jusqu'à 7. 30 du soir en hiver.

De **Saint-Rambert l'Ile Barbe à Perrache**, desservant les stations intermédiaires.

Premier départ . . . . 6 h. 32 matin

Ensuite toutes les *demi-heures*, à l'heure et à la demie, jusqu'à 8 heures du soir en été, et jusqu'à 6 heures du soir en hiver.

Les Dimanches et Fêtes.

De **Perrache à Vaise et à Saint-Rambert l'Ile Barbe**, desservant les stations intermédiaires.

Départs comme la semaine jusqu'à *midi*.

Ensuite toutes les *huit minutes*, jusqu'à 9 heures du soir pour Vaise, et jusqu'à 7 heures 45 pour Saint-Rambert l'Ile Barbe.

De **Vaise à Perrache.**

Départs comme la semaine, toute la journée.

Jusqu'à 9 h. 30 du soir en été, et jusqu'à 8 h. 30 du soir en hiver.

De **Saint-Rambert l'Ile Barbe à Perrache.**

Départs comme la semaine jusqu'à *une heure*.

Ensuite toutes les *huit minutes*, jusqu'à 8 heures du soir en été, et jusqu'à 6 heures du soir en hiver.

PRIX DES PLACES. — La Semaine.

De Perrache et de **toutes les stations intermédiaires**, jusqu'à **Vaise**, à **toutes les stations au delà de Vaise** jusqu'à **Saint-Rambert** et **réciproquement**. . . . . 25 cent.

De toutes les stations au delà de Vaise entre elles. 15 —

De **Perrache** et de **toutes les stations intermédiaires**, jusqu'à **Vaise**, de même que **toutes les stations intermédiaires entre elles** . . . . 10 —

Les Dimanches et Fêtes.

De **Perrache** et de **toutes les stations intermédiaires** jusqu'à **Vaise, à toutes les stations au delà de Vaise** jusqu'à **Saint-Rambert, et réciproquement** . . . . 30 cent.

De toutes les stations au delà de Vaise entre elles. 15 —

De Perrache à Vaise et **de toutes les stations intermédiaires entre elles** . . . . 15 —

PETITS OMNIBUS

de la gare des MINIMES à FOURVIÈRES

Départs tous les quarts d'heure, de 6 heures du matin à 6 heures du soir.

LA FRANCE !

HYMNE NATIONAL DE LA PAIX

Paroles et Musique de LÉOPOLD SARRAED. Musique de BEN TAYOUX.

Mt de marche. 3 *Energico.*

Fran.

-cais, l'a-ve-nir nous re-gar--de Ornons de

fleurs no-tre dra-peau;

f Sous les pas de notre a-vant gar-de Doit é-clo-

-re un bon-heur nou-veau De la paix

fai-sons-la con-quê-te *ff* Voi-là le

plus beau fait guer-rier France il man-

-que à ta no-ble tê-te Cette couron-ne de lau-

REFRAIN. *dim:*

-rier Fran-çais chan-tons, chan-tons la

Fran-ce La France est l'â-me du *Pro-*

grès Chan-tons chan-tons l'*In-dé-pen-*

dan-ce l'*A-mour* le *Travail* *ff* et la *Paix*

Voir la suite de la Chanson, page 44.

Pédicure — Masseur
BAUBIL

Ex-Masseur des Hôpitaux de Montpellier

GUÉRIT : ONGLES INCARNÉS, ŒILS-DE-PERDRIX, CORS, VERRUES

MASSAGES MÉDICAUX

MASSEUR DU VÉLODROME DE L'EXPOSITION

MANICURE

Madame BAUBIL

Le Cabinet est ouvert de 9 h. à midi et de 2 à 6 heures

SE REND A DOMICILE

LYON, 58, rue de la République, 58, **LYON**

Voir n° 33 sur notre plan de Lyon.

JEUX de JARDINS et de SALONS

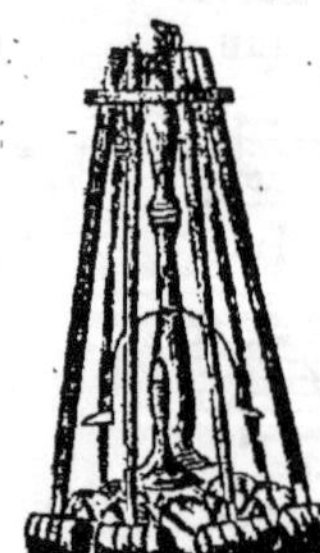

MAISON GOIFFON

SILVENT

SUCCESSEUR

53, rue de l'Hôtel-de-Ville, 53

LYON

JOUETS NOUVEAUTÉS PARISIENNES

Jeux de Croquets,
Tenis, Boîtes Boston, Trictrac,
Jetons os, ivoire,
Cibles avec Fléchettes,
Jeux de Boules buis, Échecs,
Dominos.
Tournerie — Tabletterie — Réparations

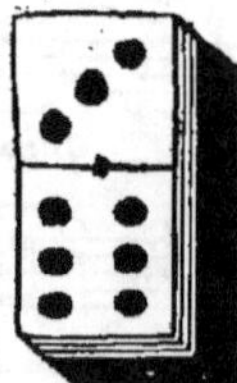

Voir n° 28 sur notre plan de Lyon.

SUITE DE LA CHANSON

2 AMOUR

La France est toujours la première
Quand il s'agit d'Humanité,
Elle a gravé sur sa bannière :
Justice, Amour, Fraternité !
Que la Haine, à jamais bannie,
Disparaisse de nos chemins ;
Et que la sublime Harmonie
Unisse et nos cœurs et nos mains (*au refrain*).

Page 42

3 TRAVAIL

Travaillons, travaillons sans cesse,
Le travail donne la gaieté ;
Au sol il donne la richesse ;
A l'esprit, la fécondité ;
C'est lui qui donne à la Patrie
La vigne, les blés et les fleurs !
Salut aux Arts, à l'Industrie ;
Salut à tous les Travailleurs ! (*au refrain*).

4 INDÉPENDANCE

Brisant du passé toute entrave,
La Vérité reprend ses droits ;
Notre pays n'est point esclave,
L'Égalité dicte nos lois !
A l'horizon de notre France
S'allume une pure clarté ;
Cette aurore : C'est l'Espérance,
C'est ton soleil, ô Liberté ! (*au refrain*).

5 PROGRÈS

L'étude à la sagesse unie
Nous aide à triompher du mal :
L'instruction mène au génie,
Et le génie à l'idéal !
Éclairons l'obscure ignorance ;
A créer soyons toujours prêts :
Les plus grands soldats de la France
Seront les soldats du Progrès ! (*au refrain*).

6 PAIX

Français, laissons tomber nos armes
Et fermons l'ère des combats ;
Assez de deuil, assez de larmes,
Pour le travail gardons nos bras ! —
De la France un jour l'auréole
S'étendra sur le monde entier ;
Et tous les peuples, pour symbole
Prendront la branche d'olivier ! ! (*au refrain*).

LYON

Lyon, le *Lugdunum* des Romains, la capitale du Lyonnais, aujourd'hui chef-lieu du département du Rhône, et la seconde ville de France par son commerce, son industrie, sa richesse et sa population, est situé au confluent de la Saône et du Rhône et sur les collines qui en forment le bassin, à une altitude au-dessus du niveau de la mer de 168 mètres dans sa partie la plus basse et de 310 mètres dans ses parties les plus hautes.

Lyon est situé à 507 kilomètres de Paris, par le chemin de fer, et à 352 kilomètres de Marseille. La ville compte aujourd'hui 438,077 habitants, en y comprenant ceux des anciennes communes de Vaise, de la Guillotière et de la Croix-Rousse, qui ont été réunies en 1852; gouvernement militaire et place de guerre de première classe, elle est entourée de deux lignes de forts, d'une circonférence de 60 kilomètres et distants de 8 à 10 kilomètres de l'enceinte intérieure. Chef-lieu du 14ᵉ corps d'armée, de la 20ᵉ légion de gendarmerie, de la 7ᵉ division des ponts et chaussées et de la 4ᵉ division des mines. La ville en elle-même est divisée en 6 arrondissements municipaux et 7 circonscriptions électorales; au point de vue religieux, en 23 paroisses. Archevêché qui fut érigé au IIᵉ siècle et dont le titulaire est qualifié Primat des Gaules; grand et petit séminaire; nombreux couvents et établissements religieux. Il y a aussi une église réformée du culte calviniste, une église de la confession d'Augsbourg, une église évangélique et une synagogue juive. Cour d'appel, tribunaux de première instance et de commerce; huit justices de paix; conseil de prud'hommes. Académie, faculté de théologie, des sciences et des lettres; faculté mixte de médecine et de pharmacie; école de santé militaire; lycée; école professionnelle; école de commerce; école normale d'instituteurs; école vétérinaire; école des beaux-arts; bibliothèques publiques très riches. Musées de peinture et de sculpture, des antiques, d'histoire naturelle; jardin botanique. Huit hôpitaux, dont les plus importants établissements sont : l'Hôtel-Dieu et la Charité; école des arts et métiers; société d'agriculture et un grand nombre d'autres sociétés et institutions.

Lyon est placé dans une situation véritablement splendide et peut passer pour une grande et belle ville. Celui qui y arrive pour la première fois par une des hauteurs qui la dominent, reste émerveillé devant le spectacle que présente cette cité aux verdoyantes collines qui l'entourent et se mirent complaisamment dans les eaux de ses deux grands fleuves, lui formant une parure aussi gracieuse que pleine d'originalité, groupée en partie entre les deux montagnes de Fourvières et des Chartreux. La vieille ville, dont on peut voir un spécimen dans les quartiers Saint-Jean, Saint-Georges et Saint-Paul, est composée

Voir la suite page 48.

de rues étroites; la nouvelle ville, qui occupe l'espace compris entre les deux fleuves et la rive gauche du Rhône, a été mise au goût du jour. Elle se divise en trois parties distinctes : entre les deux rivières, la ville proprement dite occupait tout l'espace compris entre la Croix-Rousse et la jonction du Rhône et de la Saône. Sur la rive droite de la Saône s'étend Vaise, ville industrielle et commerçante. C'est surtout de Fourvières, que l'on distingue bien les principaux groupes de l'agglomération lyonnaise. En face de Vaise est le faubourg de Serin, que dominent les hauteurs de la Croix-Rousse, habité par une population laborieuse, sans cesse en rapports d'affaires avec le centre de la ville. La Croix-Rousse est ainsi nommée d'une croix en pierre de couleur jaune, tirant sur le rouge, érigée sur le plateau de Saint-Sébastien, lors des processions solennelles ordonnées par le cardinal de Tournon, après la conspiration d'Amboise. Sur la rive gauche du Rhône, la Guillotière, grande ville populeuse sans intérêt pour le touriste. Les Brotteaux ne datent que du commencement de ce siècle, c'est aujourd'hui un des plus beaux quartiers de Lyon. Il est défendu contre les inondations par une digue insubmersible. Il prend un accroissement considérable et est sillonné de cours, d'avenues et de rues droites.

Autrefois le Rhône se réunissait à la Saône près d'Ainay. En 1779, un sculpteur nommé Perrache conçut le projet de reculer leur jonction au point où elle a lieu aujourd'hui. Le quartier qu'il a conquis sur leurs rives a depuis lors porté son nom, et c'est la partie de la ville qui avoisine la gare principale de Lyon.

Le commerce de Lyon est très important :

C'est d'abord la soierie, les velours et les broderies d'or, où l'industrie française brille d'un éclat immortel et affirme son génie par une production qui n'existe dans aucun autre pays du monde. Lyon fabrique par an pour plus de 400 millions de francs d'articles dans lesquels la soie domine. Les siècles loin de l'épuiser, semblent lui donner des forces nouvelles, et la lutte ardente de l'étranger ne peut un seul instant arrêter son essor. Avec la soierie, toutes les industries annexes, au premier rang desquelles la teinture et l'impression. Puis c'est la métallurgie qui occupe à Lyon un nombre considérable d'ouvriers, et dont les produits estimés du monde entier accompagnent la soierie dans ses plus lointains voyages. La bijouterie lyonnaise n'est pas une des moins importantes industries de cette ruche laborieuse de 438,000 habitants où il n'y a ni oisifs, ni désœuvrés; où les traditions, respectées de père en fils, ont fait la famille forte et la maison puissante. La marque de la bijouterie lyonnaise est partout appréciée et fait concurrence même à Paris par la réputation sérieuse et solide qu'elle a acquise. On y compte aussi d'importantes chapelleries. Il en est de même de la corroierie. Son commerce de charcuterie jouit d'une grande renommée. C'est une des villes de France où le commerce de la librairie et de l'imprimerie a le plus d'activité.

Mais nulle part, une tentative vraiment considérable n'avait été essayée, jusqu'au moment où l'initiative prise par la Ville de Lyon est venue attirer l'attention publique.

Voir la suite page 50.

C'est qu'en effet, pour entreprendre une Exposition comme celle de 1894, il fallait un ensemble de garanties bien difficile à réaliser, et qui se dégage à la fois de la situation topographique et de la prospérité commerciale de Lyon.

Une Exposition qui fût vraiment capable de justifier le large

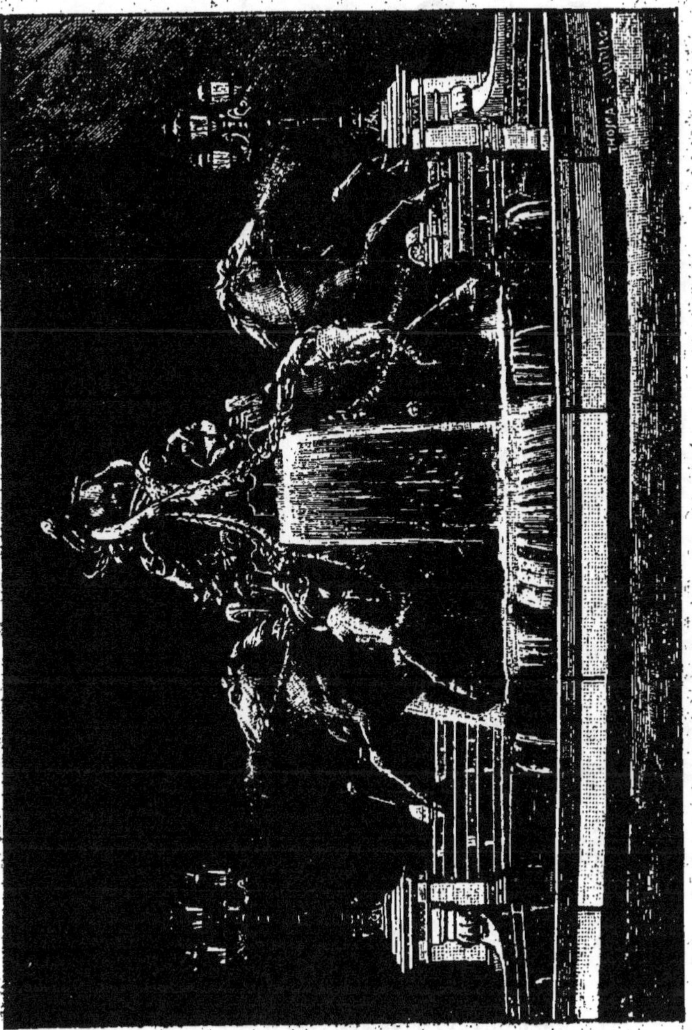

LA FONTAINE BARTHOLDI SUR LA PLACE DES TERREAUX

et fécond essai de décentralisation dont elle était le but ne devait pas compter avec un budget inférieur à 6 ou 7 millions.

Pour pouvoir rémunérer une pareille dépense par le concours des exposants et celui des visiteurs, il ne fallait pas moins qu'une grande ville comme Lyon, la vraie capitale industrielle de la France et incontestablement la capitale de toute la vaste et riche région du Sud-Est, aux portes de la Suisse, de l'Italie, de l'Auvergne, de la Bourgogne et du Dauphiné, à quelques heures des départements méridionaux et de la Méditerranée.

Voir la suite page 52.

Voir n° 43 sur notre plan de Lyon.

Douze lignes ferrées convergent, par six grandes gares, vers cette cité exceptionnellement active que le Rhône et la Saône mettent en communication, par une voie économique, avec toute la région du

LA PLACE BELLECOUR ET LE COTEAU DE FOURVIÈRES

nord et toute la région du sud, et que quatorze lignes de tramways ou de chemins de fer funiculaires arrivent à peine à desservir. Il est incontestable que, dans une ville pareille, au cœur de la grande ligne ferrée de Londres à Nice, le moindre événement, la moindre fête doit attirer et attire une affluence extraordinaire d'étrangers. A plus forte raison, il en sera de même quand il s'agira

Voir la suite page 54.

d'une grande Exposition où les éléments régionaux suffiraient à eux seuls pour constituer un attrait de premier ordre. Tout autour de la ville, dans un rayon restreint, des sites admirables.

Et la ville elle-même : toute transformée et toute rénovée depuis vingt ans, avec les artères nouvelles qui ont labouré les vieux quartiers, pour jeter partout l'air et la lumière. Au centre de la ville, des quartiers neufs ; sur la rive gauche du Rhône, encore des quartiers neufs, ou plutôt toute une seconde ville nouvelle aux claires maisons et aux larges chaussées, toute une cité universitaire qui atteste que Lyon met au même rang que sa suprématie commerciale le souci de sa supériorité intellectuelle et morale, le soin de conserver, au centre même de la France, un foyer inaltérable et puissant de science et d'art.

Peu de villes pourraient revendiquer, avec la même force, les mêmes avantages ; et, parmi celles qui en auraient le droit, combien pourraient présenter un groupement aussi merveilleux et aussi riche de toutes les industries ?

DIFFÉRENTS QUARTIERS DE LYON

PONTS, QUAIS, PLACES, RUES & PASSAGES

La situation de Lyon est des plus magnifiques : la ville est assise aux bords du Rhône et de la Saône qui la traversent du nord au sud et se réunissent à son extrémité en un endroit appelé la *Mulatière*. Ces deux fleuves divisent Lyon en trois parties.

1° La ville entre le Rhône et la Saône, où sont les plus beaux magasins du commerce de détail. Viennent ensuite les places Bellecour et des Terreaux. C'est à la place Carnot (ancienne place Perrache) que se trouve la gare centrale du chemin de fer de Paris à Lyon et à la Méditerranée.

Sur la rive gauche de la Saône est le coteau de la *Croix-Rousse*, sur lequel on arrive par un chemin de fer à plan incliné. Le plateau qui domine la ville inférieure se nommait autrefois *Saint-Sébastien*.

Un second chemin de fer funiculaire fait communiquer la place Croix-Paquet et le boulevard de la Croix-Rousse.

Au bas de la colline de la Croix-Rousse est le *faubourg de Serin*, entrepôt principal des vins du Beaujolais.

2° La *Guillotière*, quartier populeux, traversé par l'avenue de Saxe, large promenade ayant près de 4 kilomètres et traversant les deux quartiers de la Guillotière et des Brotteaux ; le cours Gambetta, magnifique avenue de deux kilomètres de longueur ; le quai de la Guillotière, la place du Pont et la place Raspail ; sur le quai Claude-Bernard, la faculté de médecine et de pharmacie ; sur le cours de la Liberté, la préfecture, l'école de santé militaire.

Les Brotteaux sont également situés sur la rive gauche du Rhône. Ce quartier, créé depuis ce siècle, est aujourd'hui l'un des plus beaux de Lyon. De grandes places, de longues avenues,

Voir la suite page 56.

de grands quais, de larges et belles rues, de magnifiques maisons, des jardins publics, enfin, le parc de la Tête-d'Or, où se tient l'Exposition universelle, internationale et coloniale, promenade splendide, digne de la ville, la cité lyonnaise de l'avenir.

3° La partie sur la rive droite de la Saône, où se trouvent la *Cathédrale*, l'*Archevêché* et le *Palais de Justice*.

Vaise, quartier industriel et commerçant, détruit en partie par l'inondation de 1840. Reconstruit depuis, il a subi aussi, voilà plusieurs années, de très grandes transformations. C'est dans ce quartier, en face du pont de la Feuillée, que se trouve la gare de Saint-Paul, tête de ligne du chemin de fer de Lyon à Montbrison, ouvert à l'exploitation depuis l'année 1877.

Fourvières. On peut y parvenir par un chemin de fer à plan incliné. C'est la ville lyonnaise primitive : en 839 s'élevait encore sur le sommet du plateau un forum romain ; mais étant venu à s'écrouler, on construisit avec ses débris une petite chapelle dédiée à la Sainte-Vierge et qui fut nommée Notre-Dame-du-Bon-Conseil, puis du nom de *foro vetere* (ancien forum), on fit *Fourvières*, sa dénomination actuelle.

Fourvières est un lieu de pèlerinage célèbre. De la terrasse de l'Église on jouit du plus pittoresque coup d'œil. La ville se développe sous les pieds et on suit les ondulations de la Saône et du Rhône. Dans le lointain les plaines du Dauphiné. Par les temps clairs, l'horizon n'est limité que par les cimes neigeuses des Alpes et du mont Blanc. L'ancienne chapelle, dont les murs sont tapissés d'*ex-voto*, contient la statue miraculeuse de Notre-Dame de Fourvières. En avant s'élève le clocher, de 28 mètres de hauteur, surmonté d'une statue en bronze doré de 5 m. 60, exécutée par Fabisch ; le socle octogone, sur lequel elle est placée est recouvert d'inscriptions et mesure 3 mètres de hauteur. La chapelle ancienne, devenue trop étroite pour recevoir les pèlerins qui s'y rendent chaque jour, a été remplacée par une vaste église, aux grandes proportions.

La nouvelle église a été commencée en 1872, et construite sur les plans de M. Bossan ; elle est flanquée de quatre tours polygonales de 35 mètres de hauteur. La façade présente un riche portique soutenu par quatre colonnes de marbre d'un seul morceau, pesant chacune 15000 kilogrammes.

L'abside est entourée d'une galerie circulaire dont la toiture est soutenue par des colonnes de granit rose du plus bel effet, d'où chaque année, le 8 septembre, se donne sur la ville la bénédiction. La coupole du chevet est surmontée de la statue en bronze doré de l'archange saint Michel.

L'église de Fourvières est située au sommet d'un charmant jardin, connu sous le nom de Jardin du Rosaire, qui sert de passage pour se rendre plus directement de Lyon à Fourvières (péage 5 centimes).

A 1 minute de Fourvières, Observatoire et Passage Gay (péage 5 centimes). Ce chemin aboutit à la montée des Carmes-Déchaussés.

Voir la suite page 58.

Maison MESTRALLET

à Lyon

194, 196, Avenue de Saxe, 194, 196

FRANCE ✣ DÉMÉNAGEMENTS ✣ ÉTRANGER

GARDE-MEUBLE PUBLIC

Camionnages de toute nature

Transports industriels à forfait.

La Maison est outillée pour le transport des Machines, Moteurs à vapeur, Wagons-Tramways, etc., etc.

VOITURES-WAGONS CAPITONNÉES

Les plus grandes de France.

Voir nº 44 sur notre plan de Lyon.

Ces deux passages sont très fréquentés, grâce à leurs magnifiques ombrages.

Au sommet de Fourvières on a édifié une tour en fer, aux formes

LA NOUVELLE PRÉFECTURE

sveltes et élégantes qui mesure 84 mètres de hauteur, avec soubasement en maçonnerie. Un ascenseur permet d'arriver rapidement au sommet, et avec les altitudes additionnées de la colline et

Voir la suite page 60.

Voir n° 42 sur notre plan de Lyon.

de l'édifice, on jouit d'un panorama où la nature se montre dans ses manifestations les plus grandioses.

Ponts. — Vingt-deux ponts relient les différents quartiers de Lyon, trois sont affectés exclusivement aux différents services du chemin de fer.

Le pont du Midi a été reconstruit sur les plans de Clavenad, et a été inauguré en 1891 ; c'est un des plus beaux ponts de Lyon avec les ponts Morand et Lafayette, dont l'inauguration a eu lieu en 1890, et qui ont été construits par le Creusot et la Compagnie de Fives-Lille. Bâties sur deux piles qui portent les armes de Lyon et les statues du Rhône et de la Saône au pont Lafayette, et dont la partie cintrée est revêtue de marbre au pont Morand, ces deux constructions admirables se composent de trois arches de 68 et 80 mètres d'ouverture. La largeur du tablier est de 20 mètres, et la chaussée est pavée en bois.

Les ponts sur le Rhône sont en suivant le cours de l'eau : Viaduc du chemin de fer de Genève — pont Saint-Clair — Morand — passerelle du Collège — pont Lafayette — de l'Hôtel-Dieu — de la Guillotière — du Midi — et le viaduc du chemin de fer de Lyon à Marseille.

Ponts sur la Saône, en suivant son cours :

Pont de la Gare — Mouton — de Serin — passerelle Saint-Vincent — pont de la Feuillée — de Nemours ou du Change — du Palais-de-Justice — Tilsitt — passerelle Saint-Georges — pont d'Ainay — du Midi — viaduc du chemin de fer de Paris à Lyon — pont de la Mulatière, divisé en deux parties, destinées : l'une aux piétons et aux voitures, et l'autre au chemin de fer de la ligne de Lyon à Saint-Étienne.

Quais. — Les quais de Lyon, qui ont un développement de quarante kilomètres, forment de magnifiques promenades ; ils présentent sans interruption, une continuité de points de vue variés et pittoresques. La promenade du quai de Vaise à la Mulatière est très intéressante. — Sur le côté droit de la Saône, à l'extrémité du quai Pierre-Scize, on remarque la statue de l'*Homme de la Roche* (Jean Cléberger), conseiller de la ville de Lyon, qui vivait sous François Ier, et qui rendit de grands services à la ville dans les temps de guerre et de famine.

Les quais du Rhône sont très pittoresques : le cours d'Herbouville et le quai de l'Est, notamment.

Places. — La *place Bellecour*, une des plus belles qui soient en Europe, a été formée par une partie des jardins qui dépendaient jadis d'un palais (*Bella Curia*) où les Romains rendaient la justice. La ville ayant acquis cet emplacement en 1610, fit, en 1713, tracer cette place et élever, aux deux extrémités, de grands monuments. Plus tard, on érigea au centre une statue de Louis XIV, sculptée par Desjardins et détruite en 1793, avec une partie des façades ; celle qu'on y voit aujourd'hui est l'œuvre du sculpteur lyonnais Lemot.

Cette place a 310 mètres de longueur sur 200 mètres de largeur. Elle est ornée d'allées d'arbres, de gentils parterres, de

Voir la suite page 62.

jets d'eau et de deux pavillons, dont l'un est un élégant café-restaurant et l'autre un poste de police.

Au kiosque : Musique militaire tous les jours.

Du mois de mai au mois de septembre, concert de huit heures à dix heures par l'orchestre du Grand-Théâtre, sous la direction de M. Luigini.

La *place Perrache* (aujourd'hui *place Carnot*) est située en face de la gare de Perrache, et communique avec la place Bellecour par la rue Victor-Hugo. Elle a été plantée d'arbres en 1851, et ornée de jolis jardins avec jets d'eau en 1867.

On y a édifié la fontaine monumentale qui se trouvait sur la place des Jacobins, avec les mêmes matériaux et en se conformant strictement au modèle primitif.

En octobre 1888, M. Carnot a placé la première pierre du monument, élevé à la gloire de la République.

La *place des Terreaux* a été créée en 1555. A l'extrémité orientale de cette place s'élève le palais de l'Hôtel de Ville; en face, est le *massif des Terreaux*, magnifique construction traversée par un vaste passage; le côté méridional de la place est occupé par le palais des Arts, ou palais Saint-Pierre.

La fontaine Bartholdi — qui fut un des clous de l'Exposition de 1889 à la galerie de 30 mètres, à Paris, — a été installée à Lyon, sur la place des Terreaux, par les soins de M. Hirsch, et inaugurée lors de la fête nationale du 22 septembre 1892.

Le groupe principal de la fontaine — symbolisant la course torrentueuse d'un fleuve vers la mer — représente un quadrige conduit par une femme allégorique.

La femme allégorique — qui couronne l'œuvre — mesure 4 mètres de haut de la tête jusqu'à la vasque en plomb.

Le groupe — d'un poids de 21,000 kilogrammes — est en plomb repoussé et martelé.

Il a été exécuté — d'après la maquette de Bartholdi — dans les ateliers Gaget-Pérignon.

La hauteur totale du monument est d'environ 8^{m},75. Les chevaux qui supportent la vasque supérieure ne mesurent pas moins de 4^{m},85 à partir du haut du trottoir.

Face à l'Hôtel de Ville, est un vaste bassin demi-circulaire dont le diamètre est d'une quinzaine de mètres : d'un monceau de rocailles disposé dans un désordre pittoresque, émergent les quatre chevaux, puis le char, puis une conque, et enfin la statue qui, superbe, domine cet ensemble, entourée de sujets plus petits qui tiennent des urnes.

Le premier bassin est surmonté d'un second qui entoure le derrière du monument. Deux candélabres en bronze en marquent les bords; son pourtour est orné de têtes de lions rugissants et de bas-reliefs représentant des coquillages.

De la partie supérieure, de dessous le char, dont les roues sont formées d'agglomération de coquillages, l'eau s'échappe à flots pour retomber en cascade dans le premier bassin.

L'effet le plus curieux est celui produit par les naseaux des

Voir la suite page 64.

chevaux qui exhalent de l'eau pulvérisée, l'eau retombe dans leur bouche et ils semblent écumer.

Le titre officiel du monument — titre oublié pour celui de fontaine Bartholdi — est celui de : *Les Fleuves et les sources allant à l'Océan;* il peint bien la pensée de l'artiste, car il y a dans cet ensemble un mouvement, une vie extraordinaires.

La *place de la République* date de 1856. Elle est située sur le parcours de la rue de ce nom.

La *place des Cordeliers*, sur laquelle se trouve l'église Saint-Bonaventure, donne aussi dans cette rue.

La *place des Célestins*, en face le théâtre de ce nom.

La *place Ampère*, (ancienne *place Henri IV*), où s'élève la statue du célèbre physicien.

La *place Saint-Jean*, située devant la cathédrale, est remarquable par sa fontaine et le groupe qui l'orne (*Le Baptême de Notre-Seigneur par saint Jean*) exécuté par M. Sagé, sur le modèle de M. Bonnassieux, de Lyon.

La *place des Jacobins*, point central où aboutissent dix rues, et sur laquelle est érigée la fontaine monumentale, construite d'après les dessins de M. André, et où l'on admire les statues de quatre Lyonnais illustres : Ph. Delorme, G. Audran, H. Flandrin et Coustou.

La *place Sathonay*, au bas de l'ancien jardin des Plantes, ornée d'une statue de Jacquard.

La *place Tolozan*, à l'entrée du pont Morand ; en 1858, on y a élevé un monument surmonté d'une statue en bronze du maréchal Suchet, né à Lyon.

La *place Morand*, plantée de massifs de platanes, décorée depuis 1865 d'une fontaine dont Desjardins a dessiné le piédestal et dont la statue, la Ville de Lyon, est de Bonnet.

Les autres places, sans aucun caractère, ne méritent pas d'être mentionnées.

Les **Cours** sont de longues avenues plantées d'arbres ; le plus large est le cours du Midi. Citons aussi le cours Gambetta, le cours Lafayette, le cours Morand et le cours des Chartreux.

Les **Rues** les plus remarquables sont :

La *rue de la République*, qui va de la place de la Comédie à la place Bellecour, dans laquelle se trouvent le palais de la Bourse et la succursale de la Banque de France. Percée en 1856, elle a 22 mètres de large sur 1,205 mètres de long.

La *rue de l'Hôtel-de-Ville*, parallèle à la rue de la République, partant de la place des Terreaux et aboutissant aussi place Bellecour.

La *rue Victor-Hugo* (ancienne *rue Bourbon*), allant de la place Bellecour à la place Carnot (ancienne *place Perrache*).

Les **Avenues** des quartiers des Brotteaux sont remarquables par leurs dimensions ; citons, notamment : l'avenue de Saxe qui, sous le nom d'avenue de Noailles, commence au Parc et aboutit à la gare de la Mouche.

Citons, aussi, deux **Passages** très commerçants : celui de l'Hôtel-Dieu et celui de l'Argue.

Voir la suite page 66.

MONUMENTS, PALAIS, MUSÉES, THÉATRES, ÉGLISES

HOTEL DE VILLE

L'*Hôtel de Ville*, situé place des Terreaux, est une très belle construction, exécutée en 1647 par l'architecte Simon Maupin. Dans le grand vestibule, dont la voûte est remarquable par la hardiesse de sa construction, se trouvent deux groupes en bronze : la *Saône* et le *Rhône*, de Coustou, qui étaient jadis au pied de la statue équestre de Louis XIV, sur la place Bellecour. Ce palais a subi quelques réparations à la suite d'un incendie qui eut lieu en 1674. En 1702, Mansard le répara tel qu'il est aujourd'hui. La façade présente une très belle statue de Henri IV, œuvre de Legendre-Héral. La façade sur la place de la Comédie est plus élégante que la façade principale.

La *Préfecture*, située sur le cours de la Liberté, est un monument neuf où sont installés les services de l'administration départementale, est un monument dû aux plans de M. Louvier, architecte, et dont la façade est ornée d'une horloge monumentale, avec statues de Pagny. Le conseil général y tient ses séances. L'ornementation intérieure est l'œuvre de MM. Flachat et Cochet, et de M. Labranche. Plusieurs artistes lyonnais ont collaboré à la décoration du nouvel hôtel de la Préfecture.

Le *Palais de Justice* s'élève au bas du coteau que domine la chapelle de Fourvières; il fut construit en 1835 aux frais de la ville, du département et de l'État, sur l'emplacement de l'ancien palais des comtes du Forez et de Roanne.

Le *Palais Saint-Pierre*, ou *des Arts*, comprend le côté sud de la place des Terreaux; c'était jadis la propriété des Dames bénédictines de Saint-Pierre. Les musées de peinture, sculpture, etc., ainsi que la faculté des lettres et différents services y sont installés.

Voir la suite page 68.

Le *Musée de Peinture* est ouvert au public tous les jours, sauf le lundi, de onze heures à quatre heures.

Le *Musée Archéologique* se compose du *Musée des Antiques et du Moyen âge* et du *Musée Lapidaire.* La partie des *Antiques et du Moyen âge* est remarquable par ses importantes collections.

Le *Musée d'Histoire naturelle*, ouvert au public le jeudi et le dimanche, de onze heures à quatre heures.

Le *Musée de l'Art et de l'Industrie*, au Palais de la Bourse, résume l'histoire générale de la fabrication des soieries et l'histoire particulière de la fabrique de Lyon.

La *Bibliothèque du Palais des Arts* renferme 65,000 volumes.

La *Bibliothèque de la Ville*, rue de la Bourse, 7, ne compte pas moins de 150,000 volumes et 2,500 manuscrits : elle se tient au Lycée et est ouverte au public tous les jours, les fêtes et dimanches exceptés, de dix heures à trois heures.

Six bibliothèques municipales, une dans chaque mairie.

Le *Palais de la Bourse* est situé rue de la République et place des Cordeliers. La Bourse commence à onze heures et finit à midi et demi.

Le *Palais du Commerce* contient le musée de l'art et de l'industrie, le Tribunal de Commerce et le conseil des Prud'hommes.

La *Faculté de médecine et de pharmacie*, située quai Claude-Bernard, sur la rive gauche du Rhône. Vaste établissement. Il a coûté 7 millions environ.

L'*École de Santé militaire*, sur le cours de la Liberté.

Le *Grand-Théâtre*, situé entre l'Hôtel de Ville et le Rhône, a été construit de 1817 à 1830, d'après les dessins de Chenavard. Dernièrement, d'importantes réparations ont été faites ; le foyer, notamment, a été décoré à neuf ; les peintures sont de Domer, et les décorations de la maison Flachat et Cochet.

On y joue l'opéra et l'opéra-comique. — Grands ballets.

Le *Théâtre des Célestins* (place des Célestins) a été construit sur l'emplacement d'un ancien couvent des Célestins, saccagé par le baron des Adrets. Le 1er avril 1871, il fut détruit par un incendie. Reconstruit en 1875, par M. André, il a été de nouveau incendié en mai 1880, puis reconstruit par M. André. On y joue le drame, le vaudeville, la comédie et l'opérette.

Le *Monument des Enfants du Rhône*, élevé à la mémoire des légionnaires morts pour la patrie, en 1870, à l'entrée du parc de la Tête-d'Or, fut inauguré le 30 octobre 1887.

Le *Parc de la Tête-d'Or*. — Tracé en 1856, d'après un plan de M. Bühler sur l'emplacement qu'occupait autrefois la ferme de la Tête-d'Or appartenant aux hospices, ce vaste et magnifique parc a une superficie d'environ 114 hectares.

Il y a encore dans Lyon un grand nombre d'édifices que l'espace dont nous disposons ne nous permet pas de mentionner.

La *Primatiale de Lyon* ou église *Saint-Jean*, est située sur la rive droite de la Saône, à peu de distance du palais de Justice et au bas de la colline de Fourvières. Ce bel édifice gothique a été construit au commencement du VIIIe siècle, sur l'empla-

Voir la suite page 69.

cement d'un baptistère dédié à saint Jean-Baptiste. L'archevêque Leydrade, ami de Charlemagne, y fit faire de grandes réparations, et trois siècles après on le reconstruisit presque entièrement.

L'abside de cette église date de la fin XIIe du siècle; la façade, dans sa partie inférieure, de la fin du XIIIe. Le grand portail est de proportions magnifiques; il est divisé en trois porches, dont l'ogive est couronnée par des frontons aigus évidés à jour.

Saint-Pierre, située dans la rue de ce nom. Son portail, surmonté d'une tour, appartient au style roman et date du IXe siècle.

Saint-Nizier, rue Centrale. Le corps de cette église a été bâti de 1400 à 1450, et son portail de 1535 à 1541. Sa forme est une croix latine. Sa nef centrale est séparée des bas-côtés par six colonnes flanquées de quatre autres colonnes et d'un nombre égal de colonnettes couronnées par des chapiteaux à feuillages dans lesquels sont entremêlés des animaux.

Saint-Martin-d'Ainay, entre la place Carnot et la place Bellecour, est un des monuments les plus intéressants de Lyon. On remarque à l'intérieur les quatre colonnes de granit qui soutiennent la coupole et qui proviennent du temple d'Auguste, sur l'emplacement duquel est bâtie l'église.

Saint-Bonaventure est située place des Cordeliers, face au palais de la Bourse; elle date du commencement du XVe siècle.

Saint-Georges, sur la rive droite de la Saône, se distingue par son clocher élancé.

L'*église de l'Hôtel-Dieu* est richement décorée. On y entre par la place de l'Hôpital. Deux beaux groupes en marbre.

L'*église de la Charité* date de 1617. Elle est attenante à l'hospice de ce nom, qu'elle dessert. (Entrée, place Bellecour).

L'*Hôtel-Dieu*, place de l'Hôpital, est un des plus beaux et des plus grands établissements de ce genre. Il fut fondé au VIe siècle par la femme de Childebert, fils de Clovis.

Le grand Hôtel-Dieu contient 1,200 lits gratuits et plus de 150 lits payants, depuis 1 fr. 25 jusqu'à 12 francs par jour.

Hospice de la Charité, rue de ce nom. Sa fondation date de 1531. On admet dans cet hospice des vieillards indigents des deux sexes qui ont atteint soixante-dix ans. Il y en a quatre cents. On reçoit aussi les enfants malades au-dessous de quinze ans, et les filles enceintes, pour y faire leurs couches. Les bâtiments sont vastes et bien aérés.

Hospice de l'Antiquaille, sur la place de ce nom et sur le coteau de Fourvières, derrière la cathédrale de Saint-Jean.

L'*Hôpital militaire*, situé quai de la Charité, fut fondé en 1831, dans les bâtiments de la nouvelle douane. Il renferme plus de mille lits. Le service est fait par des chirurgiens et infirmiers militaires.

Succursale aux Collinettes, montée Saint-Sébastien.

La *Maison de santé des frères Saint-Jean-de-Dieu* est située à la Guillotière. Elle fut fondée en 1824, dans l'ancien château de Champagneux, et peut contenir cinq cents aliénés.

Il existe encore un grand nombre d'hospices, de maisons de santé et de refuges.

ENVIRONS DE LYON

Ars. — Église moderne de Sainte-Philomène, bâtie sur le tombeau du curé Jean-Baptiste Vianney, mort en 1859.

Beynost. — Château du Soleil.

Brignais. — Belle église ogivale bâtie par Tisseur.

Asile d'aliénés de Bron. — L'installation somptuaire et les vastes dépendance de cet établissement en font un des plus importants de la France.

Chaponost. — Restes importants d'un aqueduc gallo-romain (monument historique). Vue magnifique de la vallée du Garon.

Charbonnières. — La station de Charbonnières est située à 9 kilomètres sur la ligne du chemin de fer de Montbrison.

Couzon. — Très beau site, grands rochers, importantes carrières de pierre. — Belle église moderne.

Chasselay. — Château de Bellesise. Ascension du mont Verdun, d'où l'on jouit d'un admirable panorama.

Francheville. — Ruines d'un château du XIIIe siècle.

L'Ile Barbe (*Insula Barbara*). — Située à 6 kilomètres de Bellecour, au milieu de la Saône, est longue de 500 mètres et large de 125 mètres. Un double pont suspendu la relie à la terre ferme. — On y remarque une chapelle du XIIe siècle, de belles arcades des XIIe et XIVe siècles, et un château du XVe siècle.

Meyzieu (Isère). — A 12 kilomètres de Lyon. Ligne ferrée de l'Est de Lyon. Vieux manoir de Rambion. Château-la-Ville, au sommet d'un mamelon transformé en un parc splendide.

Millery. — Château de la Gallée, reconstruit au XVIIe siècle.

Montluel. — Ruines d'un château du XIe siècle et des remparts de la ville primitive ; chapelle de 1289.

Mornant. — Restes de l'aqueduc du Mont-Pilat.

Neuville-sur-Saône. — Desservi par deux chemins de fer et par un service de bateaux. Charmantes promenades : à peu de distance, sur la Saône, bassin de Curis, où se donnent les régates des sociétés nautiques de Lyon.

Oullins. — Châteaux de Vaugrand, de l'Archevêché, bâtis par le cardinal de Tencin ; de la Bassière, bâti par Henri IV.

Pierre-Bénite. — Châteaux du Petit-Perron et d'Yvours.

Poleymieux. — Tour du XVe siècle.

Saint-Cyr-au-Mont-d'Or. — Tour du XIIIe siècle.

Sainte-Foy-lès-Lyon. — Aqueduc romain (16 arcades).

Saint-Genis-Laval. — Château de Longchêne. Observatoire.

Saint-Genis-les-Ollières. — Restes d'un camp romain.

Saint-Priest. — Château des XVe et XVIIe siècles.

St-Quentin. — Ruines du château de Fallavier ; vaste étang.

Saint-Rambert-Ile-Barbe. — Intéressante excursion par les bateaux-mouches. Rives pittoresques et vue magnifique.

Soucieu. — Neuf belles et hautes arcades, reste d'un pont-aqueduc romain qui franchit le Garon.

Trévoux. — Beau quai sur la Saône. De la place de la Terrasse, vue magnifique. Sur la crête d'un coteau, restes d'un château féodal. — Tour du Beffroi et de l'Horloge.

Vaugneray. — Ruines d'aqueduc romain. — Château de Benevent, restauré ; château et chapelle ogivale de Saint-Bonnet.

Yzeron. — Belle promenade par Vaugneray. Vue magnifique.

TABLE DES MATIÈRES

Paris. — Imp. LAROUSSE, 17, rue Montparnasse.

www.ingramcontent.com/pod-product-compliance
Lightning Source LLC
LaVergne TN
LVHW020439230826
846091LV00004B/1544

* 9 7 8 2 0 1 3 6 2 8 2 3 5 *